✓ **YES! I DID IT!**

✓ **YES! I DID IT!**

✓ **YES! I DID IT!**

✓ **YES! I DID IT!**

✓ YES! I DID IT!

✓ **YES! I DID IT!**

✓ YES! I DID IT!

✓ **YES! I DID IT!**

✓ **YES! I DID IT!**

✓ **YES! I DID IT!**

✓ **YES! I DID IT!**

YES! I DID IT!

✓ **YES! I DID IT!**

✓ **YES! I DID IT!**

✓ YES! I DID IT!

✓ **YES! I DID IT!**

✓ YES! I DID IT!

✓ **YES! I DID IT!**

✓ **YES! I DID IT!**

✓ **YES! I DID IT!**

✓ **YES! I DID IT!**

✓ **YES! I DID IT!**

YES! I DID IT!

✓ **YES! I DID IT!**

✓ **YES! I DID IT!**

✓ **YES! I DID IT!**

YES! I DID IT!

✓ **YES! I DID IT!**

www.ingramcontent.com/pod-product-compliance
Lightning Source LLC
Chambersburg PA
CBHW081650220526
45468CB00009B/2607